I0264109

RÉFUTATION DE LA LETTRE DU GENTILHOMME SUEDOIS, SUR LA NOUVELLE TRAGEDIE D'OEDIPE.

A Monsieur *** ancien Avocat au Parlement,

*Par Monsieur D****

A PARIS,
Chez DANIEL JOLLET, & JEAN LAMESLE, au bout du Pont Saint Michel, du costé du Marché-Neuf, au Livre Royal.

M. DCC. XIX.

REFUTATION DE LA LETTRE DU GENTILHOMME SUEDOIS; SUR LA NOUVELLE TRAGEDIE D'OEDIPE.

*A Monsieur * * * ancien Avocat au Parlement.*

ONSIEUR,

Je ne doute point que la curiosité ne vous ait fait lire une Lettre critique, qui paroît depuis quelques jours, sur la nouvelle Tragedie d'Oedipe, & je ne fais pas en même tems difficulté de croire que vous ayez refusé vostre approbation à une piece si peu digne de paroître aux yeux du Public. Aussi me sembleroit-il plus à propos de la laisser dans son obscurité, que d'y répondre.

D'abord cette consideration m'a tenu l'esprit en suspens, & m'a fait plusieurs fois tomber la plume de la main ; mais deux autres raisons l'ont enfin emportée sur la premiere; je n'ay pû voir sans indignation l'orgueilleuse ignorance, insulter à l'humble verité, & les faux sentiments oser détruire les plus veritables, sous pretexte de l'exactitude des regles chimeriques que l'Auteur de cette Lettre se propose comme inviolables. Il devroit sçavoir que le bon sens est la premiere de toutes les regles.

Outre cela, la permission que vous m'avez donnée de vous communiquer mes sentiments sur les ouvrages qui paroissent au jour, ne m'a pas peu engagé à profiter de l'occasion qui se presente. Je ne pouvois jamais en trouver une plus favorable pour exercer avec justice la Satire dont je vous avouërai que je fais assez mes délices. Sans ces deux motifs qui m'ont vivement frappé, je ne me donnerois pas la peine de refuter une chose qui merite si peu de l'estre ; je me contenterois, me joignant à la voix publique, de dire que son Maistre de la Langue Françoise n'a guere réussi dans le dessein qu'il s'estoit proposé de luy rendre cette Langue aussi familiere que la sienne propre.

Si j'avois connu ce prétendu Suedois, je n'aurois pû m'empêcher de luy dire qu'il devoit sonder ses forces & se perfectionner quelque tems dans les principes de nostre Langue, avant de se hazarder à combattre les sentiments d'un de nos plus beaux genies, Approbateur authentique de l'Oedipe de M. de Voltaire.

Aprés tout, ce qu'il dit ne sçauroit produire plus d'effet contre cette Piece, que le Serpent qui a la folie de vouloir ronger la Lime ; c'est pourquoy je n'entreprendray point de justifier Monsieur de Voltaire. Je me contenteray de montrer à ce critique, que ses remarques ne sont pas tout-à-fait justes. Comment auroit-il pû apprendre en si peu de tems, luy qui se dit Estranger, la force & l'énergie des mots François, puisqu'un François même aprés plusieurs années d'une recherche assiduë, peut à peine les entendre dans la perfection.

Je ne puis souffrir aussi qu'un Homme qui se dit Ecolier dans une Langue qui ne luy est pas naturelle, & qui veut bien s'abaisser à soumettre ses ouvrages à la décision d'un autre, se donne la liberté non-seulement de porter la Satire sur une piece consacrée par une approbation presque universelle, mais encore ait la témerité d'en corriger des Vers entiers, d'en changer les pensées les plus justes, & les expressions les mieux choisies. Il devoit se contenter de proposer ses doutes, sans donner des décisions, qui semblables à l'ombre d'un Tableau, laquelle nous faisant remarquer plus ſenſiblement les groupes de lumiere, diſpoſe mieux le Spectateur à en découvrir les differentes beautez, & ramaſſe, pour ainſi dire, tous les eſprits en un même lieu, pour nous repaiſtre plus delicieuſement ; ce qui eſt préciſement contraire au but qu'il ſe propoſe.

Mais pour vous prouver, Monſieur, la verité de ce que j'avance, examinons ſa Lettre dans toute ſon étenduë, & tâchons d'en faire voir le ridicule.

ACTE I.

SCENE PREMIERE.

Venez-vous de nos Dieux affronter la colere ?
Nul mortel n'oſe icy mettre un pied temeraire.

CE mot *temeraire*, dit-il, me paroît un épithete peu convenable au pied. Dés là je le reconnois pour Etranger. Mais je voudrois luy demander comment luy qui a pris la liberté d'avancer des vers de ſa façon à la place de ceux de M. de Voltaire, il ſçait ſi peu ce que c'eſt que Poëſie. Quoy ! pour ne pas déplaire à un Gentilhomme Suedois, faudra-t-il bannir les beautez de l'art, & un Auteur ſera-t-il obligé de ramper ? s'il étoit un peu plus verſé dans la Langue Françoiſe, je luy citerois Racine, qui s'eſt ſervy de la même expreſſion, & qui n'a pas laiſſé d'eſtre admirée de tous les Sçavans. C'est dans la deuxiéme Scene du quatriéme Acte de Phedre, où Thesée en courroux contre son Fils Hippolite, luy dit,

Prend garde que jamais l'Astre qui nous éclai e.
Ne te voye en ces lieux mettre un pied temeraire.

Vous voyez l'injustice de ce Censeur, car ce n'est pas tant s'attaquer à M. de Voltaire, qu'à Racine même, dont il a suivi l'exemple exactement Et dans la même Scene.

Ces climats sont remplis du celeste courroux,
Et la mort devorante habite parmy nous.

Le mot de *remplir* luy paroît impropre, il aimeroit mieux mettre l'un de ces deux Vers.

Ces climats sont en butte au celeste courroux.

Ou bien

Tout ressent dans ces lieux le celeste courroux.

Mais je voudrois qu'il m'apprit ce qu'ils signifient, & si c'est entrer veritablement dans le sujet. Il allegue pour raison, que l'imagination quelque vaste qu'elle soit, ne peut se figurer le courroux celeste capable de remplir tout le Royaume de Thebes. Je pourrois l'accuser d'estre impie, puisqu'il a des idées si mediocres du pouvoir des Dieux, qu'ils ne puissent remplir un petit Royaume, de l'immensité de leur colere. Outre cela M. de Voltaire trouve sa justification dans la fameuſe Tragedie du Cid , où Corneille fait dire au Comte.

Faire trembler par tout des peuples ſous ſa loy,
Remplir les bons d'amour, & les mechans d'effroy,
&c.

Cet Illuſtre Poëte ne fait point difficulté de dire, que l'amour & l'effroy peuvent remplir les cœurs de tous les Habitans de deux Royaumes, plus grands que n'eſtoit celuy dont il parle. L'Académie en Corps l'a même conſacré dans l'Ode de M. G... ſur la conſtance de Louis XIV.

Oüy, dans la paix & dans la guerre
Il remplit les mers & la terre
De l'éclat d'un nom glorieux, &c.

Mais c'eſt aſſez luy montrer l'abſurdité de ſa critique, paſſons à une autre.

PHILOCTETE à DIMAS.

... Ce ſéjour convient aux malheureux,
Va, laiſſe-moy le ſoin de mes deſtins affreux,
Et dis moy ſi des Dieux la colere inhumaine
A reſpecté du moins les jours de voſtre Reine.

Noſtre critique commence à cenſurer ces Vers, en déployant un *galimatias* preſque impenetrable, ou du moins, qui ne ſe laiſſe comprendre que pour faire concevoir mieux ſon peu de fondement. Il ne doute point en Ecolier, il juge en

Maiſtre, & veut que l'on n'employe *deſtin* au plurier qu'avec le pronom collectif *nos* ou l'article *les*.

Sa critique quoyque trés mal fondée, eſt cependant la meilleure de toute ſa Lettre, cela doit bien prevenir en ſa faveur! car ſi l'on peut dire *les deſtins*, *nos deſtins*, d'où vient ne pourra-t-on pas dire auſſi *mes deſtins*, je trouve la choſe aſſez bizarre.

D'ailleurs Philoctete peut ſe trouver en droit de parler ainſi à cauſe des malheurs de diverſe eſpece qui le pourſuivent, il ſemble que tous les deſtins conjurez ſe raſſemblent exprés pour l'abbattre, & deviennent pour luy autant de deſtins particuliers.

Le mot de *ſouci* ſeroit plus convenable, à ce qu'il prétend; mais il me permettra de n'eſtre pas de ſon avis. Aprés avoir expoſé ſon ſentiment, ſuivant la loüable couſtume, il ſubſtituë ces paroles au lieu de celles de M. de Voltaire.

Eh! qu'ai-je à redouter de mon deſtin affreux.

Voicy une penſée que veritablement je ne puis comprendre: je ne ſçai ſi c'eſt que l'Auteur a voulu donner en cela quelque production ſi relevée, qu'elle ſurpaſſât l'eſprit de ſon Lecteur. En effet quelle idée contraire au bon ſens, de mettre dans la bouche d'un Heros, qui ſe plaint du ſort qui le perſecute, qu'il n'a rien à redouter de ſon deſtin! toute la vivacité que l'Auteur veut y faire appercevoir, ne consiste que dans son amour propre. M. de Voltaire, dit-il, auroit évité par-là le mot de *va* expression vulgaire. Je ne suis pas surpris de l'ignorance de nostre Auteur en cette occasion; mais un François sçauroit que Corneille, Racine & tous les bons Poëtes, sont pleins de ces mots qu'il dit populaires. Nous en voyons un exemple entre-autres dans Heraclius, où Pulcherie dit à Phocas, en parlant de Martian.

Va, je ne confond point ses vertus & ton crime.

Aprés quoy tranchant toûjours du Maistre, il poursuit ainsi :

Mais que dis-je des Dieux la colere inhumaine
A-t-elle respecté les jours de vôtre Reine?

M. de Voltaire, dit il, auroit évité la faute de tutoyer dans une même Phrase, & en même tems de se servir de *vostre*, ce qu'il regarde comme grossier, & ce qui seroit effectivement, si *vostre* se rapportoit également à Dimas, comme *dis moy* au commencement, on doit regarder au contraire, que la faute seroit considerable, si il ne l'avoit pas mis de la sorte, puisque *vostre* se rapporte non-seulement à Dimas, mais à tout le Peuple Thebain.

DIMAS à PHILOCTETE.

Oüy, Seigneur, elle vit, mais la contagion
Jusqu'au pied de son Trône apporte son poison.

L'Auteur choqué du verbe *apporte* qu'il trouve bas, propose celuy de *répand* ou *exhale*, mais *répand* n'est pas à beaucoup prés si expressif que le terme *apporte*. Pour le mot *exhale*, il est absolument insupportable; il ne se peut dire que des vapeurs qui sortent des entrailles de la terre, ou de l'estomach des Animaux, & non pas de la contagion qui se forme seulement dans l'air, le propre de l'exhalaison estant de monter sans jamais revenir à sa source.

DIMAS...

A répandre des pleurs nous étions occupez.

Toute occupation presuppose une attention d'esprit, dit l'Auteur; *or pleurer est une action naturelle, qui se fait sans que l'esprit ait part aux pleurs, mais seulement au sujet.*

Il est vray que les grands évenements saisissent si fort les sens, qu'ils arrestent les pleurs, & nous laissent dans une espece de létargie, mais la surprise se dissipant avec le tems, fait place à la douleur, & luy permet de répandre des larmes; c'est donc à tort que le Critique veut donner de soy, l'idée d'un courage intrepide. Où est l'homme en effet qui peut voir d'un œil sec perir ceux qui luy ont donné le jour, sa femme, ses freres, ses enfans, sans pouvoir les secourir en aucune maniere ? Ainsi

De nos cruels malheurs nous étions occupez.

Ne prouve rien moins que ce que l'on a eû dessein de faire dire à Dimas. Sans vouloir m'arrêter à son Epithete de *cruels*, qui est une des meilleures chevilles que jamais Rimeur ait osé coudre à ses vers ; je passe plus avant.

Un monstre (loin de nous que faisiez-vous alors ?

Il ne peut non plus supporter ce Vers, parce qu'il a beaucoup de ressemblance avec celuy-cy tiré du Recuëil des Noëls.

Or nous dites, Marie, où estiez-vous alors.

Mais a-t-on jamais osé avancer que l'on ne peut se servir de certains mots dans un bon Poëme, parce que les mêmes se rencontrent dans un mauvais ? si cela estoit, l'on pourroit accuser de larcin tous nos Auteurs les plus celebres.

Le Ciel industrieux dans sa triste vengeance,

Il souhaiteroit à son ordinaire pouvoir substituer, au lieu de *triste* qui luy semble renfermer en soy l'idée de foible, l'Epithete de cruelle ; apparamment qu'il ne prend pas le sens de la diction, puisqu'il convient necessairement à un Thebain qui éprouve comme les autres la vengeance du Ciel, & qui même exprime la douleur qu'il en ressent, de la caracteriser du nom de *triste*, comme elle l'est effectivement, par rapport à luy & à tout le reste du peuple.

Le Monstre chaque jour dans Thebe épouventée
Proposoit une Enigme avec art concertée,
Et si quelque mortel vouloit nous secourir,
Il devoit voir le Monstre, & l'entendre, ou perir.

Ce Critique voudroit en imposer par un long raisonnement qu'il fait sur le dernier de ces vers. Devroit-il ignorer que Thebe épouventée ne pouvant estre secouruë que par une personne qui entendit le Monstre, en estoit moins étonnée que de la difficulté de ce qu'il proposoit ? ainsi l'on ne peut douter que, *il devoit voir le Monstre, & l'entendre, ou perir*, vaut beaucoup mieux que celuy-cy.

Il devoit expliquer l'Enigme ou bien perir.

D'autant qu'il nous remet plus évidemment dans la memoire toute la grandeur du peril; de plus, le sien me paroist prosaïque, & ne répond nullement à la majesté du vers Alexandrin.

Nos sages, nos vieillards séduits par l'esperance,
Oserent sur la foy d'une vaine science
Du monstre impenetrable affronter le courroux,
Nul d'eux ne l'entendit, ils expirerent tous.

Malgré l'impatience & le courroux de l'Etranger au ſujet de l'attribut *d'impenetrable*, j'oſeray le braver juſqu'à dire que l'application n'eſt pas ſi mauvaiſe qu'il ſe l'imagine ; car quoyqu'Oedipe ait ſçû reſoudre l'Enigme, il eſt pourtant certain que Dimas avant que d'en venir à la victoire d'Oedipe, peut appeller juſques-là le Monſtre impenetrable ; ſa colere augmentera donc bien plus, quand je luy diray que celuy de *redoutable* n'ajoûte rien au Monſtre que Dimas vient de repreſenter pour tel, ce qui eſt contraire au but de l'Epithete dont on ne ſe ſert que pour augmenter la force du diſcours.

PHILOCTETE à DIMAS.

Tu ſçais combien alors mes fureurs éclaterent,
Combien contre Laïus mes plaintes s'emporterent.

Le pretendu Suedois avouë ingenuëment qu'il n'aime pas le diſcours figuré, peut être eſt-ce parce qu'il ne l'entend pas. Il blâme *mes fureurs éclaterent* & veut abſolument ſingulariſer cette penſée, en diſant, *ma fureur éclata*, tous les tranſports de rage & de colere, qu'on puiſſe ſuppoſer dans un homme outragé ne faiſant qu'une ſeule fureur, quoyque compoſée de divers mouvements.

Je crois, Monſieur, que la même raiſon qui a juſtifié *deſtin* au plurier, peut juſtifier pareillement *mes fureurs éclaterent.*

Quant à cet hemistiche *mes plaintes s'emporterent*, il n'est pas mieux fondé *à le condamner, il devroit* avoir appris que *s'emporterent* ne veut dire autre chose, si ce n'est que les plaintes de Philoctete redoublerent & se firent entendre plus hautement qu'elles n'avoient fait jusqu'alors.

Voicy un exemple que me fournit Racine dans la V. Scene au IV. Acte d'Iphigenie, qui autorise suffisamment le premier de ces deux Vers.

A de moindres fureurs je n'ay pas dû m'attendre.

Et dans la Scene suivante Achille répondant à Agamemnon.

. . . . O Ciel! le puis-je croire
Qu'on ose des fureurs avoüer la noire?

Ce qui prouve que cet Auteur reconnoissoit plusieurs sortes de fureurs.

Et des lieux fortunez où commence le jour
Jusqu'aux climats glacez où la nature expire
Je traînois avec moy le trait qui me dechire.

Dans le cours de cette piece je n'ay point vû que le Critique se soit démenti. Pour mieux soûtenir son caractere, il ignore *les climats glacez où la nature expire.* Je me crois obligé de l'en instruire & de luy faire comprendre que, s'il estoit bon Geographe, il n'avanceroit pas cette proposition; il est peu de personnes qui ne sçachent que dans la partie Septentrionale de la Terre; l'on trouve quantité de Pays perpetuellement couverts de glaces. Sans même percer plus avant dans le Nort, Ovide ne nous represente-t-il pas les Marais de la Scitie & le Pays des Sarmates comme des Deserts que le froid rend presque inhabitables,

Proxima sideribus tellus Erymanthidos ursæ
Me tenet adstricto terra perusta gelu.

Et plus loin

Ulterius nihil est, nisi non habitabile frigus, &c.

Loin que la pensée de M. de Voltaire me paroisse fausse du costé de l'existence de ces climats, & inutile, ne servant que pour la rime, je la trouve au contraire & suis persuadé que tout le monde la trouve magnifique. Qui plus est pour dire que la Nature expire dans ces Climats, ce n'est pas à dire que tous ceux qui y portent leurs pas y doivent pour cela laisser la vie. Il est inutile qu'un Dieu Tutelaire concourre pour détourner la mort, plusieurs personnes en estant revenuës de nos jours. Je pourrois encore citer plusieurs exemples de pareilles images dans les plus fameux Auteurs de l'antiquité, mais il suffit de l'y renvoyer.

Par dix ans de travaux utiles à la Grece
J'ay bien acquis le droit d'avoir une foiblesse.

La pensée ne luy paroît pas juste, parce que le

le droit d'avoir une foiblesse, ne peut s'acquerir par quelque grand nombre d'Exploits qu'on puisse supposer. Je luy répondray que Philoctete doit parler ainsi, pour soustenir son caractere présomptueux. Les Lauriers dont il est environné de toutes parts, semblent le mettre à couvert de tous les traits que la calomnie pourroit luy lancer pour ternir l'éclat de sa gloire; il peut croire encore que sur la foy de ses belles actions on doit luy accorder du moins le pouvoir d'avoir une foiblesse. Mais il ne convient point, dit l'Auteur, à un Amant, qui pour l'ordinaire traite de Divinité la personne qu'il aime, de donner le nom de foiblesse à la passion qu'il a pour une Reine, dont on éleve la vertu dans toute la Piece. Je ne conçois pas comment l'on ose avancer tant de faux préjugez. Il semble que nostre Gentilhomme est de ces gens qui font l'amour.

. . . . . Par ces plaintes vulgaires
Que dicte la molesse aux Amans ordinaires.

Cependant il ne doit pas revoquer en doute, que de quelle qualité éminente que soit la personne que l'on aime, c'est toûjours une foiblesse de l'aimer, l'amour dont il parle suppose une langueur & un esclavage qui ne peut aller sans un foible interieur. Philoctete sent bien qu'il fait une faute en aimant Jocaste, & si sa grandeur d'ame l'oblige quelquefois à rougir, il ne s'en excuse que sur la gloire qu'il s'est acquise ; mais enfin

C'est un penchant si doux qu'on y tombe sans peine.

SCENE III.

OEDIPE.

Peuples qui dans ce Temple apportant vos douleurs
Presentez à nos Dieux vos offrandes de pleurs.

LEs expressions qui ont paru les plus magnifiques à l'oreille des Spectateurs du nouvel Oedipe, ne sont pas à couvert des traits du Censeur. Il trouve que le verbe *apporter* est absolument hors d'œuvre, & qu'il ne peut convenir aux douleurs. Il se rencontre néanmoins une grande beauté dans sa signification. Elle explique on ne peut mieux, les douleurs dont Thebes est atteinte & expose autant, que si l'on disoit, *Peuples que vostre douleur suit jusques dans ce Temple, & qui venez l'offrir au pied des Autels &c.* sans alleguer d'autres preuves on peut voir encore le Cid dans la VII. Scene du II Acte, où Dom Alphonse dit au Roy.

Chimene à vos genoux, apporte sa douleur.

Sa Critique sur les Offrandes de pleurs, n'est

pas moins injuste quoyque tacite ; car s'il en vouloit parler, ce ne devoit estre que pour joindre ses applaudissemens (dont M. de Voltaire s'est bien passé) à ceux de tous les autres.

Tel est souvent le sort des plus justes des Rois.

C'est icy que je suis plus porté que je ne l'ay encore esté à donner la Suede pour Patrie à un homme qui ne trouve à redire à ces deux *des* employez en ce Vers, que parce qu'il ignore l'énergie de ces articles, ne peut il comprendre que dire,

Tel est souvent le sort des plus justes des Rois.

Nous en fait entendre beaucoup davantage que celuy qu'il a mutilé en haine de *des*.

Tel est souvent le sort des plus justes Rois.

OEDIPE.

Quoy de la mort du Roy n'a-t-on point de Témoins?
Et n'a-t-on jamais pû parmy tant de prodiges
De ce crime impuni retrouver les vestiges?

Il veut que tout cela ne soit qu'un assemblage d'absurdité, mais il me permettra de dire que j'en trouve un peu plus dans ce qu'il avance ; puisque les fleaux du Ciel n'estoient causez que par le meurtre de Laïus, l'on doit s'empresser à découvrir non seulement les vestiges du crime, mais aussi le Criminel, afin d'en arrester le cours. On ne doit pas non plus à son avis traiter de prodiges, la contagion, la faim, la sterilité & la mort. De quel nom veut-il donc appeller ces calamitez surprenantes ? n'est-ce pas une chose horrible & prodigieuse, de voir tout un Royaume perir par le même genre de mort, & peut-on la regarder comme un fleau ordinaire du courroux celeste ?

Pour les vestiges du crime, il est vray qu'ils n'estoient pas difficiles à trouver, & l'on entend assez sans commentaire, que c'est de l'assassin du Roy dont Oedipe veut parler.

OEDIPE à sa suite en parlant de PHORBAS.

. . . . , Courez, que l'on s'empresse
Qu'on ouvre sa prison, qu'il vienne, qu'il paroisse,
Moy même devant vous je veux l'interroger,
J'ay tout mon peuple ensemble & Laïus à vanger.

Et dans la Scene V. du II. Acte.

Mais que Phorbas est lent pour mon impatience.

Et encore à la fin de la même Scene adressant la parole à Hydaspe.

Toy si pour me servir tu montre quelqu'ardeur,
De Phorbas que j'attend, cours hâter la lenteur.

Le Critique qui apparemment a peu l'usage de la Cour, s'étonne qu'un Prince comme Oedipe, soit si mal servy, sur tout dans une cause qui interesse tous ses sujets, puisqu'il s'agit d'appaiser la colere des Dieux vangeurs, en immolant le meurtrier du Roy son Predecesseur. Deux Courriers (dit-il) envoyez l'un aprés l'autre, auroient dû hâter l'arrivée de Phorbas, qui estoit renfermé dans une Forteresse voisine de la Ville de Thebes.

Dans un Château voisin conduit secretement
Je dérobay sa reste à leur emportement.

En effet, continuë-t-il, la Prison de Phorbas estoit si peu éloignée que dans la Scene IV. du III. Acte de Corneille, Dircé la demandant à Jocaste, elle luy répond.

. . . . Au pied de cette roche
Que de ces tristes murs nous voyons la plus proche.

En verité vit-on jamais une censure aussi mal imaginée ! & si l'on souscrivoit à ses sentimens, que deviendroit cette belle regle du Theatre, de tenir autant que l'on peut l'esprit du Spectateur en suspens, pour attirer d'avantage son attention au sujet qui s'y represente ? d'ailleurs le sort d'un Poëte seroit bien malheureux si il n'avoit point la liberté de conduire la Piece à sa *fantaisie*, pourvû que la catastrophe tombe juste au point que nous marque Aristote dans sa Poëtique.

Que trouve-t-il dans le nouvel Oedipe, de contraire à ces regles ? le denoüement n'en est il pas heureux, les trois unitez n'y concourent-elles pas ensemble, & ce retardement dont il parle détourne-t-il l'attention vers d'autres objets? au contraire l'action est toujours la même, & l'attente de Phorbas, est justement ce qui interesse le plus l'Auditeur, qui prévenu de ce qu'on luy va dire promeneroit plustost ses yeux de Loges en Loges, que d'arrester son esprit au Theatre.

ACTE II.

SCENE IV.

ŒDipe apprenant à Philoctete, qu'il est soupçonné du meurtre de Laïus, il luy répond.

> Seigneur, si c'étoit moy, j'en ferois vanité,
> En vous parlant ainsi je dois être écouté.

De tous les endroits de sa Lettre, il n'en est pas un qui repugne d'avantage. Ne sent-il pas assez *qu'en vous parlant ainsi je dois estre écouté*, exprime qu'on l'en doit croire sur sa parole, & non pour tirer Oedipe de sa *rêverie*, comme il se l'imagine, & même il semble dire plus, car un Heros tel que Philoctete, se servant de ces termes.

En vous parlant ainsi je dois être écouté.

Donne à entendre qu'il prétend estre crû.

Quant au mot *d'Inclemence*, j'avoüe qu'il n'est guere usité, cependant il seroit à souhaiter que l'usage le consacrât dans la Republique des Lettres.

ACTE III

SCENE III.

OEDIPE à PHILOCTETE.

Je voudrois que perçant un nuage odieux,
Déja vostre vertu brillât à tous les yeux.

L'Adverbe *déja* n'est pas une cheville, comme l'on s'efforce de le persuader ; c'est par-là qu'Oedipe fait connoistre son empressement pour la justification de Philoctete.

Le *brillât* suivi de cette voyelle (a) est veritablement dur à la prononciation, & forme dans la déclamation une espece de *hiatus* tout-à-fait desagréable à l'oreille, mais je suis surpris qu'un Critique qui s'est ingeré si mal-à-propos jusqu'icy de nous donner de mauvais Vers pour les bons qu'il vouloit supprimer, n'ait pas proposé le suivant.

Déja vôtre vertu parut à tous les yeux.

D'autant que la vertu ne peut jamais paroître sans éclat, outre que *paroistre* convient mieux à l'innocence.

L'Auteur de la Critique auroit dû plustost en rester là, que d'ajouter celle-cy dont il ne se tirera pas mieux à son avantage que des préceden-tes, il s'étonne que Jocaste hors de son sens naturel, s'écrie.

AU V. ACTE.

SCENE DERNIERE.

La mort est le seul bien, le seul Dieu qui me reste.

NE voit-il pas que c'est l'excés du desespoir de cette Reine, qui la fait parler de la sorte. Elle fuit la lumiere qui semble luy reprocher son inceste, & les Dieux qui ne l'ont fait monter au Trône que pour rendre son sort plus deplorable; or peut-elle reconnoistre pour ses Dieux, ses ennemis declarez, lorsqu'ils la persecutent avec plus de violence, & que la mort seule luy offre un azile assuré, contre tous les malheurs qui la menacent encore?

Au reste, Monsieur, vous aurez lieu d'estre surpris, que je me sois si fort étendu sur toutes ces remarques. J'aurois crû manquer à la parole que je vous ay donnée, si je ne vous avois exposé mes sentiments dans tout leur jour. L'on pourroit cependant me taxer d'injustice, si je n'avoüois hautement, que ce Gentilhomme Suedois a fait briller assez de vivacité, dans quelques endroits de sa Lettre. Il est vray qu'on eut pû prouver davantage, mais il faut encore un coup excuser un Etranger, qui, quoy qu'amy des belles Lettres, ne doit pas sçavoir toutes les expressions changeantes d'une Langue, à laquelle l'on ajoute tous les jours de nouvelles beautez. Il ne doit pas non plus m'en vouloir, si je l'ay poussé trop vivement en certains points, où le bon sens n'étoit pas tout-à-fait de son party. C'est le feu d'une verve impetueuse que la Jeunesse entraîne inconsiderement; & s'il s'en trouvoit choqué, je serois toûjours prest à luy en faire justice, estant (la Critique mise à part) avec tout le respect possible comme à vous,

MONSIEUR,

A Paris ce 15. Juin 1719.

Vostre trés-humble & trés-obéïssant serviteur D***

A Monsieur * * * Avocat au Parlement.

ODE.

DIgne Enfant de Themis, dont la vaste science
Est la lumiere du Senat;
Chez toy d'autres vertus la sublime alliance
Brille encor avec plus d'éclat.

Suivant du bel esprit la carriere épineuse,
L'honneur suit toûjours tes efforts :
Phœbus en ta faveur de sa fougue orguëilleuse
Dépoüille les fâcheux transports.

A l'Etude appliqué, feüilletant Livre à Livre
Sage Emule de Dumoulin,
Tu nous montre aisément la route qu'il faut suivre
Pour guider le triste Orphelin.

Ton cœur pour se lasser est trop infatigable:
Ce n'est pas assez pour tes jours.
Non content de briller, ton ame charitable
Veut aussi donner du secours.

Favorable à tous ceux qu'une injuste fortune
Accable de mille malheurs :
Fameux par tes bienfaits ; l'indigence importune,
Par toy voit finir ses douleurs.

Mais d'où vient à tes yeux rappeller ces images?
Laissons parler ta probité :
Cette guide pourra jusques aux derniers âges
Faire éclater la verité.

Tes recherches ont sçû lever tous les obstacles
Qui peuvent naistre desormais :
De ta bouche Themis fait sortir ses oracles;
Ta main dispense ses Arrests.

L'on voit dans tes écrits briller les avantages
De nos plus habiles Auteurs.
Et si nostre Suedois imitoit tes ouvrages,
Il ennuïroit moins ses Lecteurs.

APPROBATION.

J'AY lû par ordre de Monsieur le Lieutenant General de Police, un Manuscrit qui a pour Titre : *Refutation de la Lettre d'un Gentilhomme Suedois sur la nouvelle Tragedie d'Oedipe, à M*** ancien Avocat en Parlement, par M. D**** dont l'impression ne peut faire que plaisir au Public. A Paris ce vingt-un Juin 1719.

PASSART.

PERMISSION.

VEU l'Approbation du sieur Passart, permis d'imprimer ce 21. Juin 1719.

DE MACHAULT.

Registré sur le Livre de la Communauté des Libraires & Imprimeurs de Paris, N°. 1113. conformément aux Reglements & notamment à l'Arrest du Conseil du 13. Aoust 1703. A Paris le 22. Juin 1719.

DELAULNE, Syndic.

www.ingramcontent.com/pod-product-compliance
Lightning Source LLC
Chambersburg PA
CBHW060915050426
42453CB00010B/1732
9782019924508